THICH NHAT HANH

Eres un regalo para el mundo

THICH NHAT HANH

Eres un regalo para el mundo

Vivir cada día con atención.

Prólogo de la Hermana Annabel
Fotografías de Lothar Hennig

EDICIONES OBELISCO

Si este libro le ha interesado y desea que le mantengamos informado de nuestras
publicaciones, escríbanos indicándonos qué temas son de su interés (Astrología,
Autoayuda, Ciencias Ocultas, Artes Marciales, Naturismo, Espiritualidad, Tradición...)
y gustosamente le complaceremos.

Puede consultar nuestro catálogo en www.edicionesobelisco.com

Colección Libros Singulares
ERES UN REGALO PARA EL MUNDO
Thich Nhat Hanh

Título original: *Du bist ein Geschenk für die Welt*

1.ª edición: noviembre de 2012

Traducción: *M.ª Antonia de Miguel*
Corrección: *Cristina Viñas*
Diseño de cubierta: *Marta Rovira Pons*

© 2010, Kösel-Verlag, división de Verlagsgruppe Random House GmbH, Munich, Alemania.
Esta obra ha sido negociada a través de Ute Körner Lit. Ag., Barcelona, www.uklitag.com
© 2012, Ediciones Obelisco, S. L.
(Reservados los derechos para la presente edición)

Edita: Ediciones Obelisco S. L.
Pere IV, 78 (Edif. Pedro IV) 3.ª planta, 5.ª puerta
08005 Barcelona - España
Tel. 93 309 85 25 - Fax 93 309 85 23
E-mail: info@edicionesobelisco.com

Paracas, 59 C1275AFA Buenos Aires - Argentina
Tel. (541-14) 305 06 33 - Fax: (541-14) 304 78 20

ISBN: 978-84-9777-890-9
Depósito legal: B-21.154-2012

Printed in India

Un maestro no puede darte la verdad.
La verdad ya está en ti.
Sólo tienes que abrirte: cuerpo, espíritu y corazón.

Thich Nhat Hanh

Prólogo

Tú, al igual que los árboles o las flores, eres un regalo para el mundo. Por favor, no intentes convertirte en otra persona. Eres maravilloso tal como eres. Una parte de tu belleza es resultado de lo que tus antepasados te han transmitido, otra parte proviene del dolor que has sufrido y que has conseguido transformar. Igual que las flores se vuelven aún más hermosas cuando el jardinero les pone compost, nosotros podemos hacernos más hermosos gracias a lo que hemos aprendido a través del sufrimiento. Estar en situación de vivir cada día con atención es un regalo, y este libro, con sus maravillosas imágenes, es un regalo que le puedes hacer a alguien a quien ames; ese alguien podrías muy bien ser tú mismo.

El autor de este libro es un monje zen vietnamita que lleva una vida sencilla en su monasterio del sudoeste de Francia y que viaja por todo el mundo para enseñar el arte de la atención consciente. Quizás lo conozcas como Thich Nhat Hanh.

Sus alumnos y alumnas le llaman también Thây. Tiene ahora 85 años, ha sido monje durante 68 años, y ha vivido muchísimos acontecimientos: la ocupación francesa de Vietnam, el brutal régimen de Dien, la invasión americana y las consecuencias de esa guerra, con el éxodo de cientos de miles de refugiados, los llamados «boat people», que intentaban abandonar el país, muchos de los cuales perecieron ahogados, y finalmente su propio exilio, cuando se le impidió regresar a su país natal.

Durante todo este período vivió con atención consciente e hizo todo lo que pudo.

Sus sencillas enseñanzas, que se basan en su comprensión del budismo, han aportado alivio y alegría a personas del mundo entero. Ha transmitido las enseñanzas de Buda mediante prácticas y métodos concretos que son capaces de transformar el sufrimiento global de nuestro tiempo.

El miedo, la frustración, la ira y la desesperación, así como también el sufrimiento mundial provocado por la destrucción del medio ambiente, el terrorismo y el antiterrorismo, la pobreza, las familias rotas y el sida son abordados por estas enseñanzas y sanados por ellas.

Nuestra felicidad personal no está separada de la felicidad del mundo entero. Emprendemos un camino espiritual para transformar el sufrimiento y conseguir verdadera felicidad y verdadera libertad para nosotros y para los demás.

Tener un camino espiritual no implica que debamos pertenecer a una religión determinada o profesar unas creencias determinadas. Thây ha dicho de sí mismo que es un budista que no está encerrado en el budismo, y tú puedes ser un cristiano que no está encerrado en el cristianismo. Cuando leas la palabra Buda en este libro, debes recordar que el nombre «Buda» designa a una persona que está despierta, alerta, atenta. Además del Buda histórico, todos llevamos ese Buda en nuestro interior.

Thich Nhat Hanh ha vivido y ha practicado siempre un camino espiritual, un camino que se compromete con el mundo, que se dirige a los problemas que vemos ante nosotros y que podemos transformar en nuestra vida cotidiana.

Recientemente, fundó el Instituto Europeo para el Budismo Aplicado, en el noroeste de Alemania, un lugar en el que se puede aprender a practicar las enseñanzas budistas, para traer más paz y felicidad a todos los ámbitos de nuestra vida.

Este libro nos ayuda a recordar que podemos desarrollar la dimensión espiritual de nuestra vida cada día y a cualquier hora. La manera en que conduces tu coche, en que te lavas las manos, en que preparas el desayuno o en que pides la palabra en una reunión... todo esto puede ser expresión de tu espíritu.

En el convento tenemos una campana que suena cada hora. Mientras nos ocupamos de nuestros deberes y actividades diarios, nos sirve de recordatorio de que debemos regresar a nuestra auténtica casa, y disfrutar del hecho de estar vivos.

Puedes emplear este libro como un recordatorio parecido. Para cada semana del año encontrarás un breve texto de Thich Nhat Hanh. Quizá quieras leer despacio el párrafo de cada semana, mientras continúas con tu respiración. Tras la lectura, siéntate unos minutos y reposa, mientras tu respiración fluye suave y lenta.

Puedes cerrar los ojos y permitir que la esencia de las palabras penetre profundamente en ti.

¿Qué significan esas palabras en tu situación particular? ¿Cómo puedes emplearlas a lo largo del día?

Puedes programar tu reloj o tu ordenador de manera que, cada hora, te recuerde que debes volver a la esencia de las palabras, y una vez por hora vivas conscientemente durante al menos tres respiraciones.

Si formas parte de una sangha*, puedes usar este libro junto con otros miembros de la sangha. Cuando la sangha se reúna, una persona puede leer el texto de la semana. Luego os sentáis y respiráis todos juntos durante unos minutos. A lo largo de la semana, cada miembro de la sangha practica a su manera y así os apoyáis unos a otros. Durante la siguiente reunión podéis comentar todos juntos cómo cada uno ha llenado de vida las palabras que leísteis la vez anterior.

Martin Luther King, Jr, que fue amigo de Thây y lo propuso para el Premio Nobel de la Paz, aspiraba a conseguir algo que él denominaba la «comunidad de amor». Se trata de una comunidad en la que por encima de todo se pone énfasis en la fraternidad. En una comunidad así, el poder y la autoridad quedan relegados en favor del amor y la comprensión. En la terminología budista llamaríamos a esta comunidad sangha. Hay tantas cosas que podemos hacer como comunidad espiritual que nunca lograríamos hacer si estuviéramos solos…

Podemos meditar juntos, podemos escucharnos unos a otros, sin juzgar ni reaccionar, y cuando meditamos juntos, ya

---

* Una sangha es un grupo de personas que se reúnen periódicamente para practicar juntos la atención y apoyarse mutuamente en la práctica consciente. Tú mismo puedes fundar una sangha invitando una vez por semana o cada quince días a algunos amigos. Puedes encontrar una lista de sanghas locales en Alemania en www.intersein.de

sea sentados o caminando, conseguimos crear una fuerza colectiva de amor y comprensión que es mucho más poderosa que todo el amor y la comprensión de cada uno por separado.

En el Instituto Europeo para el Budismo Aplicado hay una inscripción que dice: «Del fango de la discriminación y el fanatismo haremos que crezca el loto de la integración y la tolerancia». Si lees este libro y lo llevas a la práctica, serás parte de la «comunidad de amor» que aprende, no a alejar de sí el sufrimiento, sino a preocuparse por él, de manera que se convierta en el compost del que puede crecer algo maravilloso. Igual que un jardinero orgánico no quema o desecha los despojos del jardín, sino que los convierte en compost, nosotros contemplamos nuestro sufrimiento como una fuente de transformación y felicidad. La felicidad más profunda consiste en alcanzar la dimensión última y reconocer que todas las cosas están relacionadas unas con otras, sin principio ni fin. Si consigues disfrutar de tu respiración y vivir cada día con atención plena, no estarás lejos de verlo.

Hermana Annabel
Decana de Prácticas, Instituto Europeo
para el Budismo Aplicado, Waldbröl

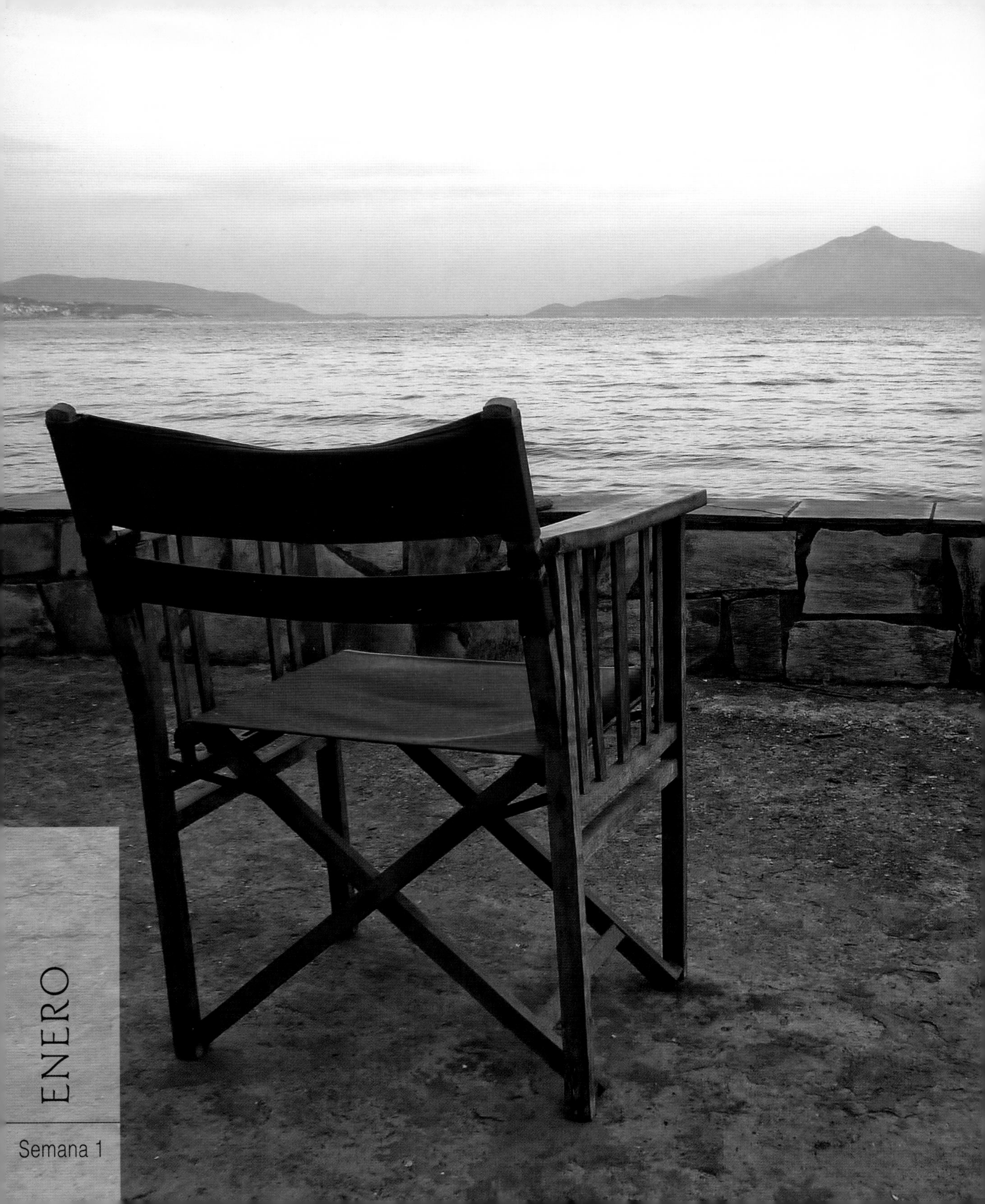

ENERO

Semana 1

Cada día hay muchas cosas que hacer y muy poco tiempo. Puede que te sientas presionado para correr continuamente. ¡Detente! Capta profundamente el momento presente y alcanzarás la paz y la alegría.

Cada momento es una oportunidad para hacer las paces con el mundo.

*Cada persona es una flor maravillosa
en el jardín de la Humanidad.*

Contempla el rostro de un niño: tan lleno
de frescor, tan lleno de belleza. Pues también
nosotros, que quizá ya no somos unos niños
pequeños, somos flores maravillosas, todos
y cada uno de nosotros.
Si nos dejamos dominar por la ira, la tristeza,
la decepción o las preocupaciones, perdemos
nuestro frescor, nuestro ser-flor. La atención
consciente puede ayudarnos a conservarlo.

*Si conservamos nuestro frescor y
nuestra belleza, nos convertimos
en un regalo para el mundo.*

Al andar le prestamos atención a cada paso que damos. Nos fijamos en cómo cada pie toca el suelo. La Tierra es nuestra madre. La Madre Tierra ha sufrido graves daños.

Ahora es el momento
de besar la Tierra
con nuestros pies,
con nuestro amor.

¡Permítete simplemente ser! Permítete
alegrarte de estar en el momento presente.
¡La Tierra es tan hermosa! Alégrate por
el planeta Tierra. También tú eres hermoso,
eres un milagro, como la Tierra. Andar de
este modo se llama meditar caminando.

Hay un conocido cuento zen sobre un hombre que monta un caballo al galope. Alguien que le ve pasar le grita: «¿A dónde te diriges?». El jinete se vuelve y contesta: «No lo sé, eso pregúntaselo al caballo». No sabemos en realidad hacia dónde vamos ni por qué nos damos tanta prisa. Un caballo al galope nos arrastra y decide todo por nosotros. Ese caballo se llama «inercia de la costumbre». Nuestra tarea es ser conscientes de esta inercia y no permitir que nos siga empujando.

Cuidar de uno mismo quiere decir, ante todo, aprender a parar y mirar hacia adentro.

Pregúntate: ¿Por qué espero a que algo me haga feliz? ¿Por qué no soy feliz ahora? Con la atención consciente desarrollamos el aprecio por el bienestar que ya se encuentra en nosotros.

Cada instante en que estás vivo se asemeja a una joya brillante que lleva en su interior la Tierra, el cielo y las nubes.

FEBRERO

No hemos de tener miedo
de cometer errores, siempre
y cuando estemos dispuestos
a aprender de ellos. Los errores
pueden ser grandes maestros.

*Sé tú mismo. La vida
es valiosa tal y como es.*

No hay ningún motivo para
correr siempre, para esforzarse,
para perseguir algo o para luchar.
Sé simple.

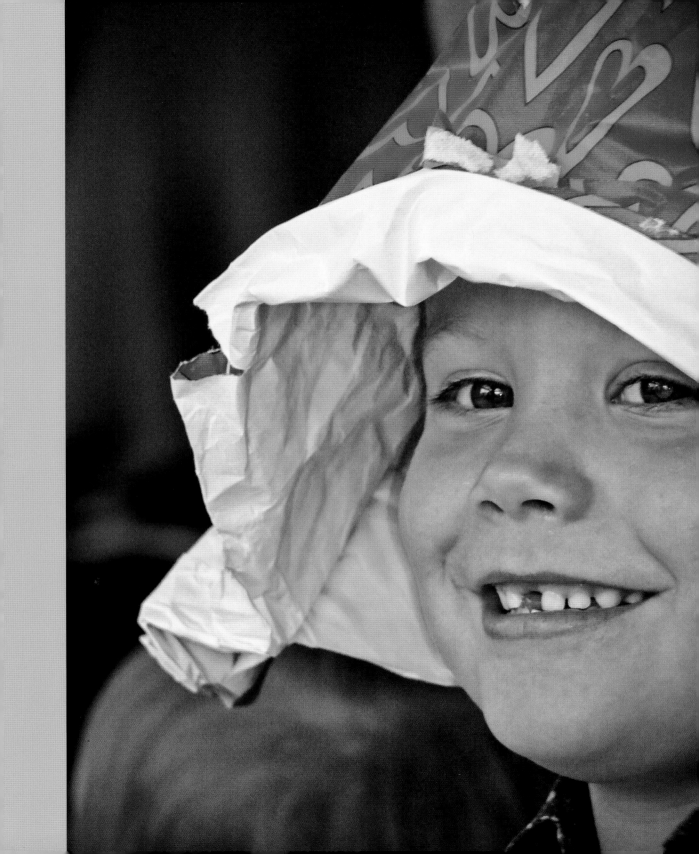

FEBRERO

Semana 7

Sin libertad no hay felicidad

Ikebana es el arte japonés del arreglo de las flores.
Para que cada flor pueda dejar respirar su belleza,
cada una necesita su espacio. También nosotros
necesitamos espacio y libertad para poder expresar
nuestra belleza. La libertad es un regalo que
podemos hacerles a los demás.

*Cuando amamos a una
persona, hemos de darle espacio:
espacio y libertad.*

¿Qué es lo que sé con exactitud? Sé que no sabemos lo suficiente. Que tenemos que seguir aprendiendo. Tenemos que abrirnos. Y tenemos que estar dispuestos a abandonar lo que creemos saber, de modo que podamos adquirir una comprensión más amplia de la realidad. Si subimos una escalera y llegamos al sexto escalón, y creemos entonces que ése es el escalón más alto de todos y que no hay más, nunca podremos alcanzar el séptimo escalón. La tarea consiste, pues, en abandonar el sexto escalón para tener acceso al séptimo escalón. Ésta es nuestra práctica: abandonar nuestras convicciones.

Las personas sufren porque están atrapadas en sus ideas. En cuanto abandonamos nuestras ideas, somos libres.

*Este momento es un
momento de felicidad.*

MARZO

Si sabemos cómo regresar
al aquí y el ahora, todos
podremos practicar este
mantra varias veces al día.
Inspiramos y espiramos con
plena consciencia y regresamos
a nosotros mismos, a casa.
Luego pronunciamos el
mantra en voz alta o sólo
para nuestros adentros, como
más nos guste. Antes de
empezar a cocinar, a comer,
a regar las flores, podemos
recordar el mantra.
Es muy fácil de practicar.
Reconocemos cuánta felicidad
tenemos, mucha más felicidad
que muchas otras personas.
En este mismo momento se
dan innumerables condiciones
para ser feliz. Podemos
detenernos. Ya no hace falta
correr hacia el futuro.

Permítete ser feliz.

Podemos estar sentados como una montaña.
Cuando inspiro, me veo a mí mismo como una
montaña, soy estable y sólido. Incluso cuando
me provocan, permanezco tranquilo y fuerte
como una montaña. La postura corporal
estable, recta y digna como la de un Buda,
influye también sobre nuestro espíritu.
No importa si estamos sentados en el suelo,
sobre un cojín o en una silla: podemos
sentarnos con dignidad, con estabilidad,
como una montaña.

*Al inspirar me veo a mí mismo
como una montaña.*

Al espirar siento mi estabilidad.

Hay una corriente de sensaciones que fluye hacia nosotros día y noche. Un aspecto muy interesante de éstas son las sensaciones neutras. Pues, si somos capaces de aceptarlas con consciencia, pueden convertirse en sensaciones agradables. Supongamos que tienes dolor de muelas, sin duda una sensación desagradable. Si sufres de esta manera, puedes experimentar una especie de iluminación. Es decir, sabes lo siguiente: ¡no tener dolor de muelas debe de ser maravilloso! Antes de padecer el dolor de muelas, la ausencia de dolor de muelas era una sensación neutra. Cuando tienes dolor de muelas, en cambio, puedes darte cuenta de que la ausencia de ese dolor es una sensación tremendamente agradable. Reconoces que lo que antes era neutro es ahora una sensación de bienestar.

En nuestra corriente de emociones hay muchas sensaciones neutras. Quien practica la atención puede transformar la mayoría de ellas en sensaciones agradables.

Así podemos transformar la mayoría de los momentos de nuestra vida cotidiana en momentos llenos de alegría.

MARZO

*Al inspirar me veo
como el agua quieta.*

*Al espirar experimento
una profunda paz.*

Cuando estamos en paz con nosotros mismos,
podemos estar en paz también con los demás. Para
ello necesitamos quietud interior. Noto cómo la paz
invade mi corazón. ¿Cómo podemos alcanzar nuestra
tranquilidad interior? A través de un sencillo ejercicio
como éste: podemos visualizarnos como un agua
quieta, clara; totalmente tranquila y en paz.

MARZO

Semana 13

Todo lo que hacemos podemos
hacerlo con atención consciente.

Estar en la cocina y preparar
el desayuno puede ser un
momento de meditación

La cocina se convierte en el lugar de meditación.
Mientras ponemos a calentar el agua para el té,
mientras cortamos el pan, no pensamos en el resto
de tareas que nos deparará el día. Estamos presentes
por completo, con nuestros movimientos, con nuestro
cuerpo, con nuestra respiración. Estamos presentes
para nosotros mismos, estamos presentes para nuestra
familia, estamos presentes para el mundo.

La vida sólo está disponible en el aquí y el ahora.

Ésta es una enseñanza del Buda muy sencilla, pero también muy profunda. Cuando alguien nos pregunta: «¿Ha llegado ya el mejor momento de tu vida?» probablemente muchos dirán que su mejor momento no ha llegado aún. Todos tenemos tendencia a creer que el mejor momento de nuestra vida no ha llegado aún, pero que sin duda falta poco para ello. Pero si seguimos viviendo así y esperamos que el mejor momento llegue, nunca lo alcanzaremos. Quizás crees que tu felicidad está en otro lugar, a lo mejor allá enfrente, o en el futuro, pero en realidad puedes tocar esa felicidad ahora mismo. Estás vivo. Puedes abrir los ojos, ver la luz del sol, los hermosos colores del cielo, la maravillosa naturaleza, tus amigas y amigos.

Éste es el mejor momento de tu vida.

ABRIL

Semana 15

Si le prestamos atención a nuestro cuerpo, nos daremos cuenta a veces de que hay un órgano que desde hace meses nos manda señales de socorro. Pero hasta ahora estábamos demasiado ocupados para advertirlo. Ahora volvemos a restablecer la comunicación.

Escuchemos a nuestro corazón, a nuestro hígado, a nuestro estómago. ¿Qué es lo que tienen que decirnos?

Darse cuenta de que nuestro corazón ha trabajado día y noche para nosotros durante todos los años de nuestra vida, que ha enviado incansablemente la sangre a nuestro cuerpo, que siempre ha estado presente para nosotros, puede ser una fuente de gran alegría. Pero ahora quizás está cansado. ¿Qué podemos hacer para que le vaya mejor?

Recordemos que un corazón que late, que aún trabaja, es una condición necesaria para nuestra felicidad.

¿Cómo podemos describir a Dios?
Incluso describir algo tan sencillo
como el sabor de un mango es
imposible. ¿Sabe un mango como una
naranja? No. ¿Como un melocotón?
¿Como una piña? No. Pero el hecho
de que yo no esté capacitado para
describir con palabras el sabor de un
mango no quiere decir que el mango
no exista. Lo mejor que podemos
hacer para hacerle comprender
a alguien cómo es el sabor de un
mango es dejarle comer uno.
No describimos a Dios.
No hablamos acerca de Dios.

ABRIL

Nos mantenemos disponibles
para el Reino de Dios.

La atención consciente es la facultad de saber lo que ocurre en nuestro interior y a nuestro alrededor. Respirar con atención quiere decir respirar de manera que seamos conscientes del hecho de que respiramos. En un primer momento parece muy simple. Pero si lo practicamos de verdad, se convierte en algo muy profundo. Por el solo hecho de respirar con atención podemos ser conscientes de que estamos vivos. ¿Y no es ése el mayor milagro: estar vivos?

Inspirar quiere decir celebrar que estamos vivos.

Para ser felices, a menudo basta con desprendernos de alguna convicción. A menudo tenemos en la cabeza una idea de lo que necesitamos para ser felices. Pensamos que no podemos ser felices hasta que no... encontremos una pareja, la casa esté terminada, tengamos en las manos ese diploma, lleguen las vacaciones, o cualquier otra cosa que creamos necesitar para nuestra felicidad. Si conseguimos desprendernos de esa idea, a menudo la felicidad se alcanza rápidamente.

Nuestro concepto de la felicidad puede ser precisamente el obstáculo que nos impida ser felices.

Si nos desprendemos de estas ideas, abrimos las puertas a través de las cuales la felicidad puede venir a nosotros desde todas las direcciones.

MAYO

No importa si nos sentamos a meditar durante uno, cinco o treinta minutos. Tenemos que aprender a estar sentados con ligereza y alegría, a fin de poder mantener nuestra frescura. Debemos sentarnos sin demasiadas preocupaciones o enfados en nuestro espíritu, de otro modo seremos como alguien que se sienta sobre un lecho de carbones ardientes. Preguntémonos:

¿Qué es lo que puede ayudarme a practicar la meditación o cualquier otro ejercicio espiritual de manera que la ligereza y la alegría estén siempre presentes?

La práctica espiritual fundamental consiste en reunir de nuevo cuerpo y espíritu. A menudo el espíritu no se encuentra en el tiempo presente. Está atrapado en los pensamientos, en preocupaciones o pesares. Hay muchos caminos para traer de nuevo el espíritu al cuerpo. Los dos más sencillos, que siempre tenemos a mano, son la respiración atenta y el caminar atento. La respiración es como un puente que une el espíritu con el cuerpo.

Si estamos atentos a nuestra respiración, podemos traer nuestro espíritu de regreso a casa.

Antes de ser capaces de ocuparnos bien de nuestras dificultades íntimas, deberíamos ser capaces de evocar en nosotros un sentimiento de felicidad y alegría. Así lo enseñó Buda. De este modo, dejamos de ser arrastrados por nuestras penas. Con esta estabilidad podemos enfocar nuestros sufrimientos, reconocer sus motivos y comenzar a transformarlos.

Ojalá pueda aprender a contemplarme a mí mismo con los ojos de la comprensión y del amor.

Debes ser capaz de desprenderte de todo tu saber intelectual, de todas tus ideas, de las convicciones que tienes actualmente. Mientras creas que ya tienes la verdad en tus manos, la puerta de tu espíritu estará cerrada. Incluso si la verdad llama a ella, no estarás en condiciones de dejarla entrar. El saber actual es un obstáculo. La libertad del pensamiento es la base del progreso.

Es precisamente en este ámbito de libertad donde puede florecer la flor de la sabiduría.

JUNIO

Semana 23

Si huimos del sufrimiento y
sólo buscamos la felicidad, no
progresaremos. Por favor, recuerda
que una flor de loto no puede
crecer sin el fango. Porque hemos
tenido experiencias dolorosas,
podemos apreciar mejor
la felicidad. No deberíamos
temerle al sufrimiento.
La felicidad se compone de
elementos del sufrimiento.
El loto se forma en el fango.
Si lo apartamos del fango, no
puede sobrevivir.

*Podemos abrazar
nuestro sufrimiento
y así crecer
a partir de él.*

Si vives con atención, concentración
y conocimiento, nunca dejarás a Dios,
siempre estarás unido a Él. Si vives cada
día en presencia de Dios, eso quiere decir
que tu vida cotidiana es una oración; hay
personas para quienes esto es posible.
Hay oportunidades muy concretas para
generar las energías de la atención,
la concentración y el conocimiento
y nuestras prácticas de meditación se
orientan a producir estas tres energías.
Si practicas la atención consciente al
sentarte, al caminar, al cocinar, al lavar
los platos, dejarás de tener la impresión
de que estás desperdiciando tu vida.

JUNIO

Vives cada instante de tu vida
con profundidad. Tu vida se
convierte en una oración.

Al inspirar sé que inspiro. Parece muy simple. Pero a través de esta consciencia somos libres en este momento. Libres del pasado, libres del futuro, libres de arrepentimientos y pesares, de miedos y recelos. Es posible que la inspiración dure sólo unos segundos. Pero si somos capaces de permanecer por completo en la inspiración, de principio a final, sin dejarnos distraer de ella, seremos libres durante esos segundos. A través de la práctica podemos aprender a prolongar ese espacio de tiempo y disfrutar de él.

La felicidad puede nacer de una sola respiración.

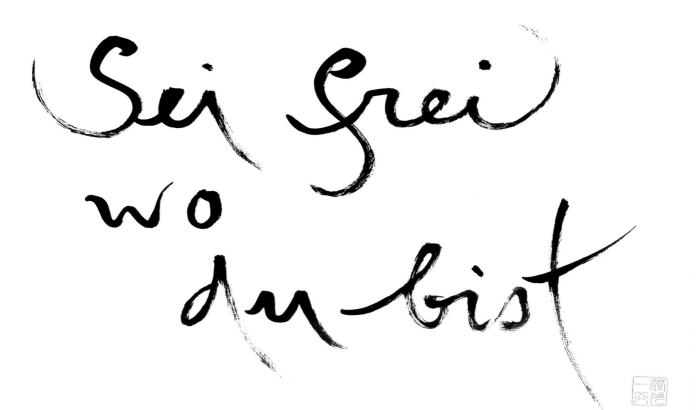

* Sé libre donde estés

Para mitigar el sufrimiento necesitamos saber escuchar con profundidad y compasión.

Si escuchamos a alguien para que pueda desahogarse, no debemos interrumpirle, aunque hable con amargura, aunque exprese deseos de venganza o sus palabras estén llenas de observaciones falsas.

En un caso así, puede ser difícil escuchar con calma. Las semillas de la irritación son regadas en nosotros y en ese momento es difícil seguir sintiendo empatía. La compasión es nuestra protección, debemos mantenerla siempre. Y ¿cómo? Teniendo presente nuestra finalidad: «Quiero darte la oportunidad de que te desahogues, aunque en tus palabras haya amargura, ira o recriminaciones».

Debemos practicar la atención consciente a fin de recordar que escuchamos para aliviar el sufrimiento de la otra persona. Más adelante ya habrá un momento adecuado para corregir las falsas ideas que se han formado, pero no ahora. Escuchar de este modo necesita mucha práctica.

JUNIO

Si nos cubrimos de compasión
como si fuese un manto protector,
podremos escuchar también
en los momentos difíciles.

Antes de poder cuidar a los demás, debes cuidarte a ti mismo. En el pasado, le hemos exigido mucho a nuestro cuerpo. Hemos puesto en peligro nuestra salud.

En nuestro cuerpo se acumulan las tensiones y los dolores. Muchos dolores se producen debido a las tensiones en el cuerpo. Por eso debemos aprender a reconocer las tensiones y a deshacernos de ellas. Ya Buda enseñó la importancia de la relajación y en los tiempos actuales necesitamos estas enseñanzas más que nunca.

Debemos dirigirnos a nuestro cuerpo con amor y cuidar bien de él.

JULIO

Semana 28

Entiende que al caminar no vas
a ningún sitio, y que, sin embargo,
cada paso te ayuda a llegar.
¿A llegar a dónde? Al momento
presente, al aquí y el ahora.
No necesitas nada más para ser feliz.

Sonríe mientras caminas,
permanece presente
en el aquí y el ahora.
Así puedes convertir el lugar
a donde te diriges en un paraíso.

En nuestro centro de Plum Village tenemos un ejercicio que practicamos a diario y al que llamamos «tocar la tierra». Nos resulta útil de muchas maneras. A ti también puede ayudarte este ejercicio. Cuando te sientas desasosegado e inquieto y tengas poca confianza en ti mismo, o si te sientes furioso o desgraciado, puedes arrodillarte y tocar la tierra con las manos con gran atención. Toca la tierra como si fuese lo que más amas en el mundo, o como si fuese tu mejor amiga, o tu mejor amigo. Vuélvete hacia la tierra y pídele ayuda siempre que te sientas desgraciado. Tócala con tanta atención como lo hiciera Buda. Y de repente verás tú también la Tierra con todas sus flores y frutos, árboles y pájaros, animales y el resto de seres vivos que ha creado. Ella te ofrece todas esas cosas.

JULIO

Hay muchas más
oportunidades de ser feliz
de lo que hayas podido
pensar nunca.

Amar significa estar presente. Le hacemos
a la otra persona el regalo de nuestra presencia:
«Querido, estoy aquí para ti». Y apreciamos
la presencia de la otra persona, decimos que sí
a su presencia: «Querida, sé que estás aquí,
y eso me hace muy feliz».

*Ser amado quiere decir
ser reconocido.*

El amor significa atención. Debemos reconocer
la presencia de la otra persona como un regalo
en nuestra vida.

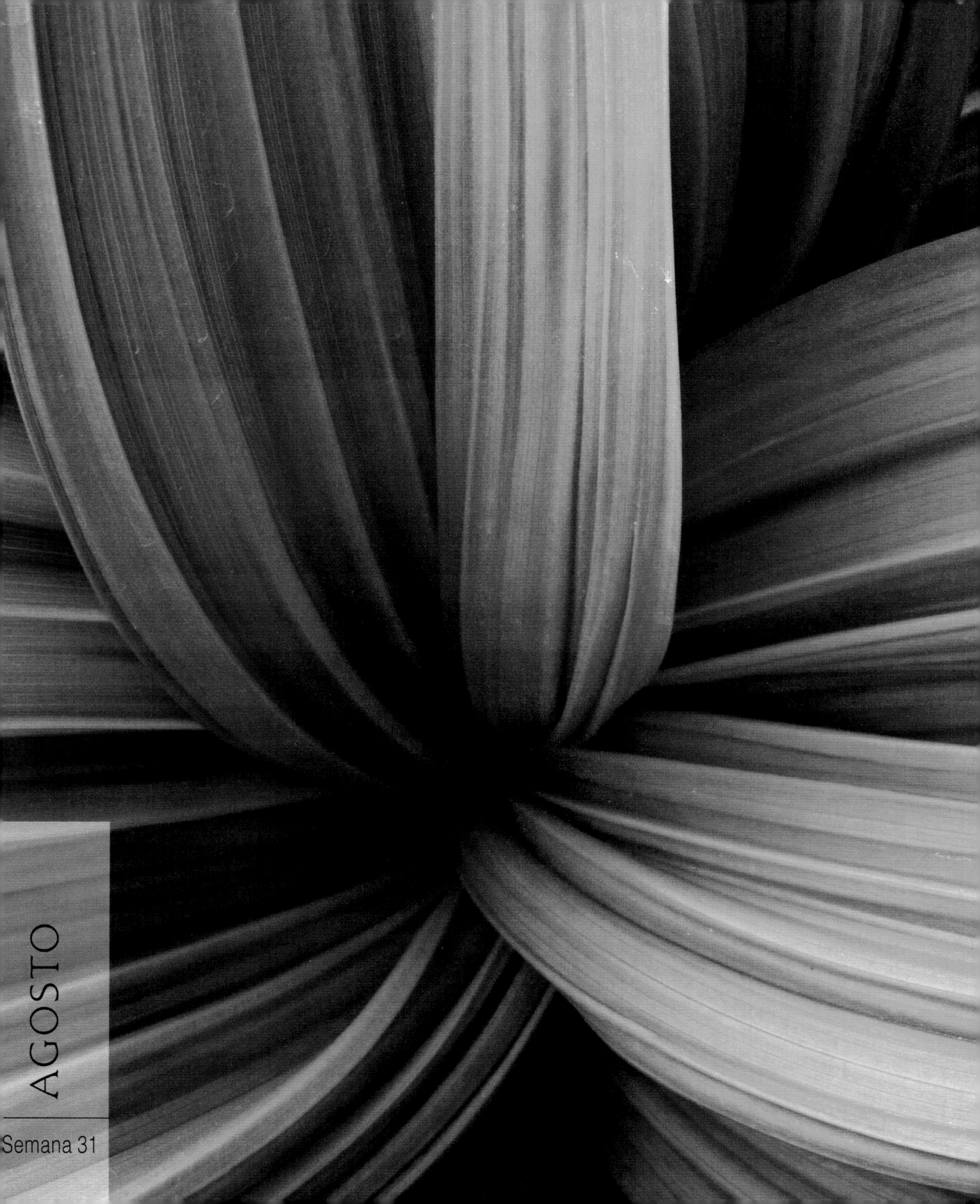

AGOSTO

Semana 31

Cuando contemplas un trozo de papel, quizás esta misma página que estás leyendo ahora, seguramente crees que no existía antes de ser producido en la fábrica de papel. Pero mira, ahí flota una nube, en este trozo de papel. Sin nube no habría lluvia, y entonces no podría crecer ninguno de los árboles que nos proporcionan el papel. Si eliminas la nube del papel, el papel se deshace. Si miras profundamente en este trozo de papel y lo tocas con profundidad, podrás tocar también la nube. El trozo de papel está ligado y entretejido con los rayos del sol, con la lluvia, con la Tierra, con la fábrica de papel, con las trabajadoras y trabajadores de la fábrica, con el alimento que toman a diario.

Cuando tocas el papel,
tocas todo el cosmos.

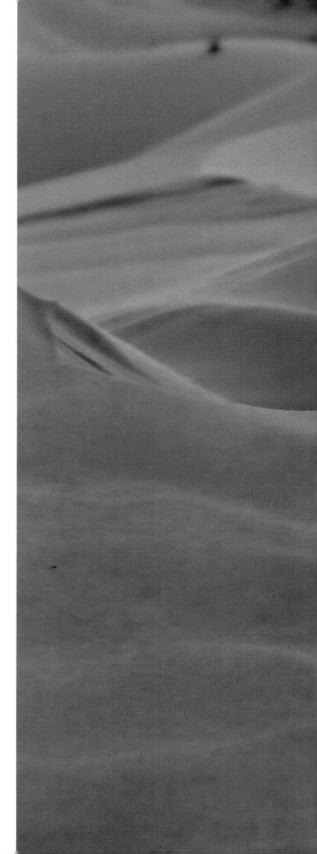

Nuestra ira es una parte de
nosotros. No deberíamos
hacer como si no estuviésemos
furiosos cuando en realidad
lo estamos. Lo que debemos
hacer es aprender a manejar
nuestra ira. Lo lograremos
si nos detenemos y volvemos
a nuestra respiración.
Imagínate que tu ira es tu
hermano o tu hermana
pequeña. No importa lo que
tu hermano o tu hermana te
hayan hecho, deberías tratarlos
siempre con ternura y cariño.

AGOSTO

También a tu ira deberías
recibirla con ternura y amor.

*No importa tanto lo que hacemos,
sino cómo lo hacemos.*

La meditación no siempre ha de estar vinculada con el reposo
y la lentitud. Podemos practicar la atención consciente
mientras caminamos o mientras vamos en bicicleta. También
es posible la meditación cuando salimos a correr. Disfrutamos
de nuestras zancadas, de nuestro cuerpo, de nuestra
movilidad, de nuestra vitalidad. Notamos que estamos vivos.

*Si hacemos algo con atención consciente,
se convierte en meditación.*

AGOSTO

A menudo pensamos que nuestro sufrimiento ha sido causado por la persona a la que más queremos. Si otro hubiese dicho esas mismas palabras o hecho lo mismo, no nos hubiera importado. Pero cuando aquella persona a la que más queremos dice o hace algo así, nos duele de verdad. Y entonces nuestro orgullo nos impide pedir ayuda. Preferimos encerrarnos en nuestro cuarto, porque nos sentimos heridos. Así intentamos castigar al otro. Queremos demostrarle que no le necesitamos. Si la otra persona acude a consolarnos, le decimos que se vaya. Pero en el verdadero amor no hay lugar para el orgullo. Debemos reconocer la verdad y manifestarla. Pedir ayuda y decir: «Me has hecho daño. Necesito tu ayuda». Es difícil expresarse así cuando pensamos que esa misma persona es la que nos ha causado dolor. Es difícil, pero no es imposible.

«Amor mío, sufro. Por favor, ayúdame».
Es preciso tener valor para
practicar este mantra.

La meditación es como
el alimento para la felicidad.

Si la meditación constituye un
esfuerzo y se convierte en un
trabajo difícil, es que algo va mal.
La respiración atenta debe ponernos
en contacto con la alegría de vivir.
Ya existe demasiado sufrimiento
en el mundo, ¿por qué deberíamos
sentarnos sobre un cojín para
procurarnos aún más sufrimiento?
La meditación ha de ser una fuente
de relajación y de felicidad.

AGOSTO

Pasamos nueve meses en el vientre de nuestra madre: estamos en un lugar cálido y seguro, al abrigo y protegidos. Nuestra madre respira por nosotros, come por nosotros. No tenemos que preocuparnos de nada. En Vietnam y China a las madres se les llama «el palacio de los niños». Todos hemos pasado tiempo en ese palacio, sin preocupaciones, sin deseo. Pero al nacer hemos de abandonar el palacio y encontrarnos con el sufrimiento. Nuestra primera bocanada de aire está relacionada con el miedo a la muerte. Con el nacimiento nace también el miedo. Un bebé no puede sobrevivir solo. Depende de sus semejantes. Nuestra necesidad de otras personas cuando somos adultos se fundamenta en esa necesidad primigenia de otra persona. Ese bebé sigue presente en nosotros. Sigue necesitando la seguridad de que no está solo. Debemos reconocer ese miedo primigenio en nosotros mismos. Entonces podremos volvernos hacia el niño pequeño que hay en nuestro interior, abrazarlo y decirle:

Estoy aquí para ti.

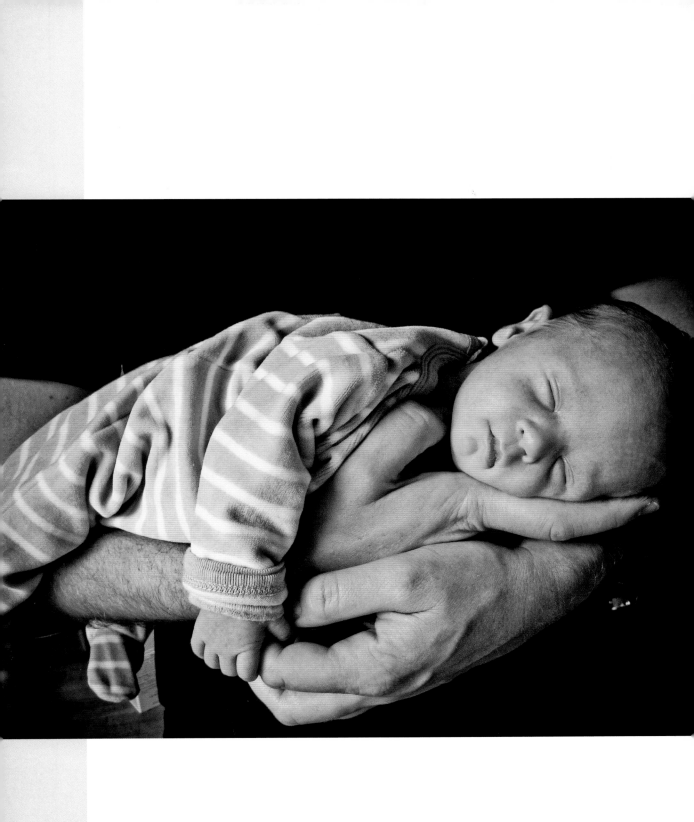

Todo lo que hay en el cosmos
se impregna y se influye mutuamente.

SEPTIEMBRE

Semana 37

Si contemplamos la historia del mundo, la aparición del hombre sobre la Tierra ocurrió ayer mismo. Si miramos profundamente en nuestro interior, podemos reconocer en nosotros todos los elementos no humanos: nuestros ancestros animales, nuestros ancestros vegetales, nuestros ancestros minerales. En el pasado fuimos una nube, una piedra. Proteger a otras especies significa protegernos a nosotros mismos. Preservar el medio ambiente significa preservarnos a nosotros mismos.

El ser humano contiene todo el cosmos en sí mismo.

La meditación del caminar consciente es algo
que puede hacer todo el mundo. Para algunos
de nosotros resulta difícil practicar la meditación
sentada; pero caminar… todos podemos hacerlo.
Cada vez que das un paso consciente, sales de
tu estado de inatención.

Regresas a la vida.
Tocas la maravilla de la
vida para ser curado y
transformado.

SEPTIEMBRE

Semana 39

La vida vale la pena cuando
la vivimos con atención consciente.
Abrimos el grifo y somos
conscientes de que el agua viene
de las profundidades de la Tierra
y recorre un largo camino para
fluir en nuestra casa, llena de
frescor y de vida. ¿No es esto
un motivo de alegría y gratitud?

*El agua fluye hasta
nosotros desde lo más
alto de las montañas.
El agua corre por las
profundidades de la
Tierra. Como por un
milagro, el agua llega a
nosotros y contiene toda
la vida. Estoy rebosante
de gratitud.*

Semana 40

Si vivimos conscientemente,
es fácil descubrir milagros
en todas partes.

A menudo bebemos té, pero no somos conscientes de ello. Nos perdemos en preocupaciones, miedos y recelos. Entonces no bebemos el té, sino nuestras preocupaciones. ¡Eso no es bueno para nuestra salud! Beber una taza de té estando realmente presentes significa estar en contacto con el milagro de la vida.

Hasta ahora, la lucha contra el terrorismo no ha reducido el número de terroristas. En realidad, ha hecho aumentar su número, y cada uno de ellos lleva una bomba en su corazón. No sólo hay bombas y minas en los escenarios de batalla de este mundo, también hay bombas en los corazones de muchas personas, bombas que debemos desactivar.

*La compasión
es la única respuesta.*

Para acabar con el terrorismo, debemos eliminar los prejuicios. Sabemos bien que los aviones, las armas y las bombas no lo conseguirán. Sólo la conversación comprensiva y la escucha compasiva pueden ayudar a las personas a corregir sus prejuicios.

OCTUBRE

Los sentimientos se manifiestan, durante cierto tiempo están presentes como una forma de energía determinada, y luego desaparecen de nuevo. No deberíamos intentar reprimirlos ni deshacernos de ellos. Al cultivar la atención, ya sea a través de la respiración atenta o del caminar atento, podemos reconocer nuestro sufrimiento. Así podemos ocuparnos bien de él y dejar de temerlo.

Sabemos que el sufrimiento surge, permanece durante un tiempo y luego regresa a su lugar de procedencia.

«Hola, pequeño sufrimiento mío, te conozco. Me ocuparé bien de ti mientras estés aquí y luego te dejaré marchar de nuevo».

No hay nada que te impida estar en contacto con la vida en el momento presente. La pregunta es: ¿tienes unos ojos capaces de ver la puesta de sol, tienes unos pies que puedan tocar la tierra?

Si nos sumergimos profundamente en el momento presente, desaparecen nuestros pesares y nuestras preocupaciones. Descubrimos la vida con todas sus maravillas.

Cuando una nube se convierte en lluvia,
eso no la angustia, pues aunque sabe lo
maravilloso que es flotar como nube en
el cielo, también sabe que es igualmente
maravilloso caer en forma de lluvia
sobre los campos y los mares. Por
eso el momento en que una nube se
convierte en lluvia no es un momento
de muerte, sino de continuación.
En verdad cada momento es un
momento de perduración. Continúas la
vida bajo nuevas formas. Eso es todo.

*El nacimiento y la muerte
sólo son puertas que atravesamos,
umbrales santos en nuestro viaje.*

Si observamos una planta de banano, veremos que forma maravillosas hojas, flores y frutos. Son lo mejor que una planta de banano puede producir para ofrecerle al mundo. Nosotros, como personas, también ofrecemos algo al mundo en cada momento: nuestros pensamientos, nuestras palabras, nuestros actos. Queramos o no, ellos serán nuestra continuación. Perduramos en el futuro a través de nuestras acciones. Cuando este cuerpo se descomponga, no podremos llevarnos nada, ni los títulos, ni la fama, ni las riquezas. Debemos dejarlo todo atrás.

Lo único que perdurará de nosotros son los frutos de nuestro pensamiento, de nuestras palabras y de nuestros actos.

El amor empieza contigo mismo, antes de que en tu vida aparezca otra persona. La enseñanza sobre el amor en el budismo dice: «Cuando regresas a casa, a tu propia casa, reconoces el sufrimiento en ti». El comprender tu propio sufrimiento te ayudará a sentirte mejor y a amarte, porque sentirás tu propia integridad, tu realización interior.

Para comenzar a amar no necesitas a otra persona, puedes empezar por ti mismo.

Cuando un animal resulta herido en el bosque, busca
un lugar donde poder tenderse, y allí descansa durante
muchos días. No se interesa por la comida ni por ninguna
otra cosa. Sólo descansa y experimenta la curación que
necesita. Cuando nosotros los humanos estamos demasiado
estresados, quizás vamos a la farmacia y nos compramos
unas pastillas, pero no cesamos en nuestras actividades.

*Descansar es un
requisito indispensable
para la curación.*

En cada uno de nosotros habita un niño pequeño interior que antes era incapaz de cuidar de sí mismo. Estamos atrapados en el pasado, quizás aún experimentamos flashbacks de horrores pasados. Aunque objetivamente estemos seguros, nos sentimos amenazados y vulnerables. En ese caso, sufrimos en el presente como si aún estuviéramos en el pasado.

Debemos hablar con ese niño pequeño que hay en nosotros: «Sé que estás ahí y que soportas muchas heridas». Debemos trasladarle nuestra sabiduría de adultos a ese niño. Por eso es tan importante estar en el aquí y el ahora: para liberarnos de las sombras del pasado.

Podemos invitar a nuestro niño interior a venir con nosotros al presente y ser libre.

Para poder manejar un sentimiento doloroso en nosotros, ante todo debemos reconocerlo. Normalmente, nos resistimos a hacerlo. Queremos escapar de nuestro sufrimiento, ignorarlo, distanciarnos de él. Necesitamos valor para reconocer esto: «En mí existen sentimientos dolorosos. Los acepto. Intento no esconderlos. Quiero estar con ellos, quiero ocuparme de ellos». Sólo si nos decidimos a dar este primer paso, estaremos en condiciones de dar el segundo. Sólo si reconocemos su presencia, podremos abrazar el sufrimiento con atención. No intentamos luchar contra él, no intentamos retenerlo. Simplemente, lo reconocemos, de un modo totalmente carente de violencia.

El sufrimiento es una parte de ti, la atención es una parte de ti.

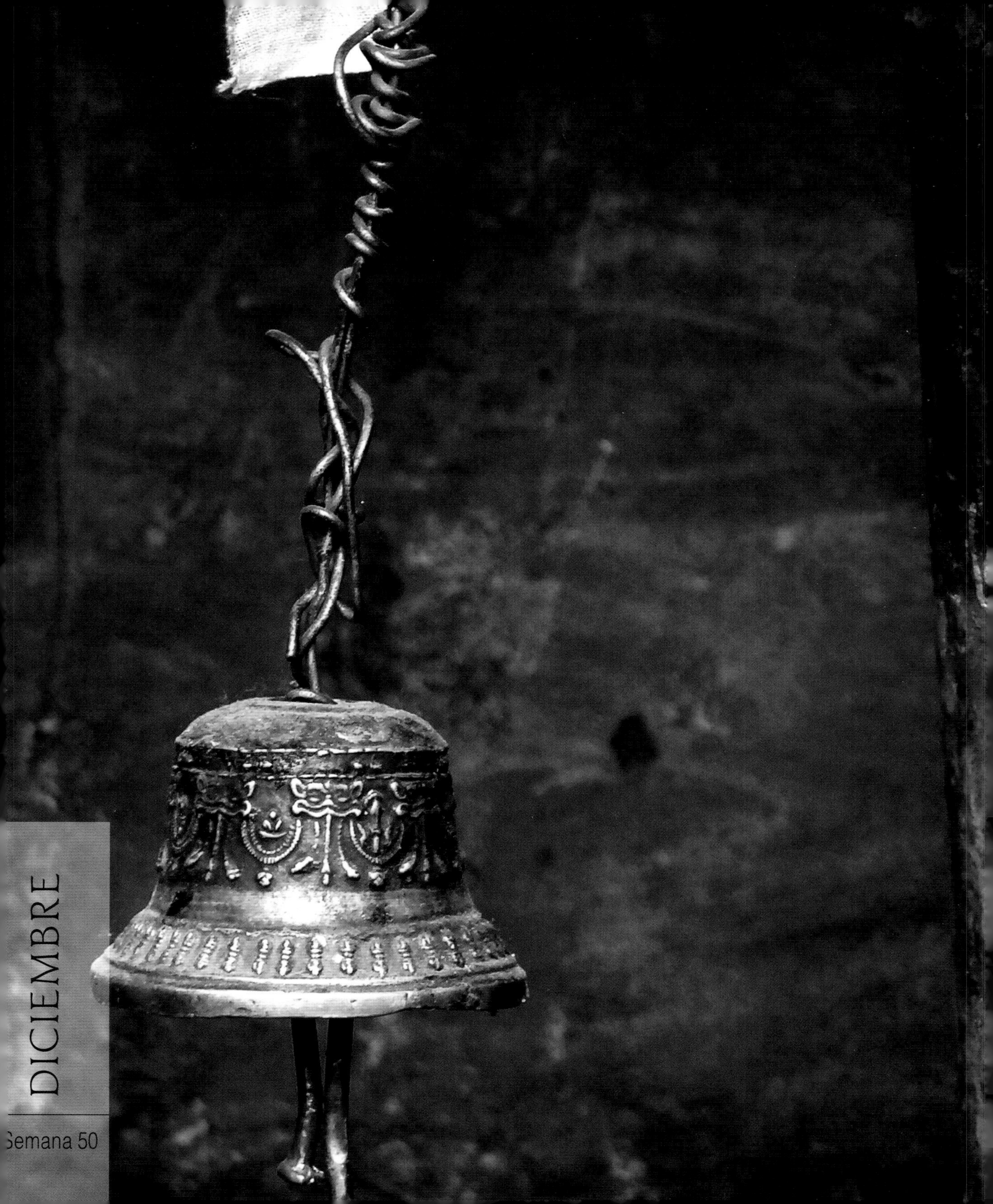

DICIEMBRE

Semana 50

*Es maravilloso
que yo sea yo mismo,
que tú seas tú mismo.*

Sólo hace falta que admitamos que somos nosotros mismos, y que nos alegremos de ser como somos. Esta sensación, este reconocimiento, es nuestra verdadera casa. Nuestra verdadera casa nos habla, día y noche, con una voz muy clara. Nos envía continuamente ondas de amor e interés, pero no nos alcanzan, porque estamos demasiado ocupados. Pero cuando oímos el tañido de la campana, recordamos que la campana quiere ayudarnos a regresar a nuestra verdadera casa.

*El tañido de la campana
es la voz de Buda
que nos llama a casa.*

A través del verdadero amor se crea en nosotros la plenitud y la abundancia. Amar significa que tenemos algo que dar. ¿Tenemos en nosotros bondad, compasión, alegría y relajación? ¿Comprendemos nuestro propio sufrimiento?

¿Sentimos amor por nosotros mismos? Entonces hay plenitud en nosotros.

Si es así, tu presencia en el mundo contribuirá al bienestar de los demás de innumerables modos y maneras.

Hay tanta violencia, tantos conflictos, tanta destrucción en el mundo… Necesitamos urgentemente la paz. ¿Quién nos ayudará a conseguir esta paz? ¿Quién traerá la paz al mundo y a nuestro corazón? ¿Quién es ese creador de la paz?

¿Sentimos amor por nosotros mismos? Entonces hay plenitud en nosotros.

Tenemos la capacidad de convertirnos en un Buda, llenos de paz, comprensión y compasión. En nosotros existe un bebé-Buda. Debemos permitir que nazca en nuestro corazón el príncipe de la paz.

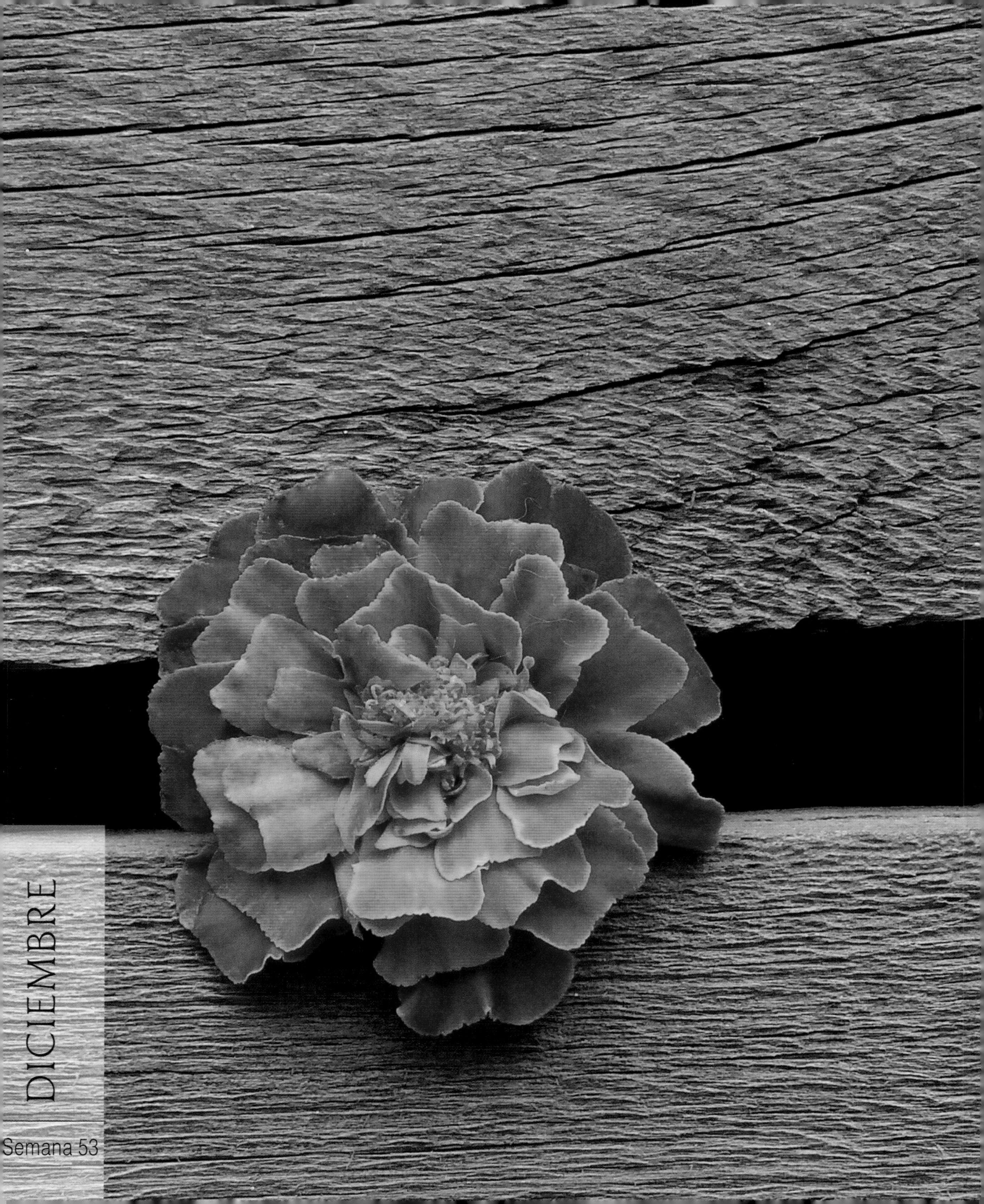

DICIEMBRE

Semana 53

Sabemos cómo podemos manejar el sufrimiento. Sabemos cómo hemos de tratar los desechos para que se conviertan en el compost que dará alimento a las flores. Por eso podemos aceptar el mundo de todo corazón. No necesitamos ir a ningún otro lugar.

Ésta es nuestra casa.

Direcciones

Centros espirituales de Thich Nhat Hanh
Plum Village
New Hamlet
13 Martineau
33580 Dieulivol, Francia
Tel.: (33) 556/61 66 88
Fax: (33) 556/61 61 51
E-Mail: NH-office@plumvillage.org
www.plumvillage.org

Centros para prácticas en Alemania bajo la dirección de profesores que siguen las enseñanzas de Thich Nhat Hanh

EIAB-Europäisches Zentrum für angewandten Buddhismus
(Centro Europeo para Budismo Aplicado)
Schaumburgweg 3
51545 Waldbröl (bei Köln)
Tel.: 02291/90 71 37 3
www.eiab.eu
E-mail: info@eiab.eu

Intersein Zentrum für Leben in Achtsamkeit (Centro Intersein para la vida y la atención consciente)
Haus Maitreya
Unterkashof 2 1/3
94545 Hohenau
Tel.: 08558/92 02 52
Fax: 08558/92 04 34
www.intersein-zentrum.de

Quelle des Mitgefühls (Fuente de compasión)
Heidenheimer Str. 27
13467 Berlin
Tel.: 030/405 86 540
Fax: 030/405 86 541
www.quelle-des-mitgefuehls.de

Intersein
Revista para una vida de atención consciente en la tradición Dhyana de Thich Nhat Hanh
Editora: Gemeinschaft für achtsames Leben Bayern GAL e.V.
(Comuna para una vida consciente de Baviera)
www.intersein-zeitschrift.de

Maitreya Fonds
c/o Renate Bauer
Fasanenstrasse 14
82293 Mittelstetten
Tel.: 08202/13 93
Cuenta de donaciones:
Maitreya-Fonds e.V.
Münchner Bank e.G.
Cuenta n.º: 2520010, BLZ 70190000
www.maitreya-fonds.de

Fuentes

Los textos de este libro proceden de las conferencias de **Thich Nhat Hanh** de los años 2008 a 2010, así como de sus libros *Buddha Mind, Buddha Body* (2008) y de *A Pebble for Your Pocket* con ejercicios e historias para niños y adultos (la selección de textos e ilustraciones de este libro ha corrido a cargo de Heike Mayer).

Créditos de las imágenes

Todas las imágenes son de Lothar Hennig

A excepción de:
Semana 5: Heike Mayer
Semanas 10, 19 y 40: Peter Müller
Semana 23: © Plum Village
Semana 25: Caligrafía de Thich Nhat Hanh, © Intersein Zentrum, Hohenau
Semana 30: Otmar Tretter
Semana 36: Sibylle Meier

Lothar Hennig, periodista gráfico, arquitecto y viajero por la vida, vive en Múnich. Las fotos se hicieron entre los años 2008 y 2010, durante sus viajes por Asia y Europa.

Thich Nhat Hanh, nacido en 1926 en Vietnam, es monje, maestro zen, poeta, activista pacífico y autor de numeroso libros. Es el fundador de la Universidad Van Hanh para el Budismo en Saigón y ha enseñado en la Universidad de Columbia y en la Sorbona. La afabilidad y la forma de hablar cariñosa y sencilla de este gran maestro del budismo atraen a hombres de todas las culturas y religiones. Vive en su centro de prácticas Plum Village en Francia y recorre el mundo entero enseñando el arte de vivir conscientemente.

«Este afable monje budista de Vietnam es un sabio con unas enormes cualidades intelectuales. Si sus ideas para conseguir la paz se hicieran realidad, tendríamos una auténtica fraternidad mundial, una humanidad unida, ecuménica».

Dr. Martin Luther King hijo, en la nominación de Thich Nhat Hanh al premio Nobel de la Paz.

«Thich Nhat Hanh escribe con la voz de Buda».
Sogyal Rinpoche

Otro libro del mismo autor, publicado por Ediciones Obelisco:

Igual que un cariñoso abrazo, las palabras de Thich Nhat Hanh acarician nuestro corazón y nos permiten sumergirnos en un mar de calma y tranquilidad. Las delicadas fotografías del libro que acompañan este texto capturan la magia del presente. El gran maestro budista nos muestra con sencillez y color las maravillas en cada instante.

«Eres maravilloso tal como eres. No intentes ser otra persona. Eso que buscas ya está ahí, dentro de ti. No existe fuera de ti mismo. Todo lo que necesitas está ya en ti: en el aquí y el ahora». Thich Nhat Hanh

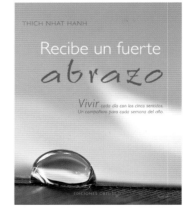

¡Un libro «de compañía» con reflexiones motivadoras para cada mes del año!